Felicitas Hoppe
Abenteuer – was ist das?

Göttinger Sudelblätter

Herausgegeben von
Heinz Ludwig Arnold

Felicitas Hoppe

Abenteuer – was ist das?

WALLSTEIN VERLAG

Ich weiß weder Tag noch Stunde
Johanna von Orleans

1. Protagonisten

Am Ende seines Aufsatzes über George Bernard Shaws Theaterstück *Die heilige Johanna* (1923) erklärt der niederländische Historiker Johan Huizinga (1872-1945), warum in einem seiner berühmtesten Werke, *Herbst des Mittelalters* (1919), dieselbe Jungfrau, von wenigen Fußnoten abgesehen, gar nicht vorkommt. Eine Auslassung, die schon Huizingas Zeitgenossen irritierte, denn Johanna von Orleans ist eine der herausragenden Frauengestalten nicht nur des fünfzehnten Jahrhunderts, sondern der Weltgeschichte und der sie unermüdlich bearbeitenden und immer wieder neu erschaffenden Kunst überhaupt. Doppelt bemerkenswert also ihre Abwesenheit in Huizingas Werk, zumal hier kein Künstler, sondern ein Historiker spricht. Ein Hinweis darauf, dass das Sprechen über ›historisches Personal‹ in der Geschichtsschreibung womöglich mit ähnlichen Problemen zu kämpfen hat wie in der Literatur.

Werfen wir also einen genaueren Blick auf die Begründung Huizingas für seine Auslassung der so sagenhaften wie von Legenden umwobenen Jungfrau, die er, auch das ist bemerkenswert, in der Auseinandersetzung mit einem ihm zeitgenössischen literarischen Werk entfaltet, mit Shaws Bühnenstück nämlich. Die Figur der Jeanne d'Arc, so Huizinga, sträube sich gegen die Versuche des Autors, zeitgeschichtliche Strömungen und Tendenzen ihrer Zeit (gemeint ist das späte Mittelalter) zu erhellen, überhaupt tauge sie nicht zum Gegenstand literarisierter historischer Hypothesen. In ihrer Einzigartigkeit könne die Figur der Johanna nur auf der Grundlage sympathisierender Bewunderung verstanden und begriffen werden; sobald man beginne, sich mit ihrer Geschichte zu befassen, ziehe ihre starke Persönlichkeit unmittelbar alle Aufmerksamkeit auf sich. Sie gehöre damit in die Reihe jener seltenen historischen Gestalten, die nichts anderes sein könnten als Protagonisten, die sich keinem Zweck unterordnen, sondern selber der Zweck und folglich niemals das Mittel seien: »Und dies«, so schließt er, » – falls es erlaubt ist, diese Randnotizen mit einer Art persönlicher Entschuldigung zu beenden – ist also der Grund, warum sich kaum ein Hinweis auf sie (Jeanne; F. H.) in meiner Arbeit findet, die ich vor einigen Jahren über das Leben im fünfzehnten Jahrhundert in Frankreich und den Niederlanden geschrieben habe. Man hat mir das als Fehler angerechnet. Aber es handelt sich um eine wohl überlegte und bewusste Auslassung. Ich wusste, dass Jeanne d'Arc das Buch, das ich vor Augen hatte, vollkommen aus dem Gleichgewicht gebracht hätte. Was mich daran hinderte, sie auftreten zu lassen, war ein Gefühl für Harmonie – und darüber hinaus eine überaus große und von Ehrfurcht getragene Bescheidenheit.«

2. Bescheidenheit

Sind Historiker wirklich bescheidener? Haben sie womöglich einen besseren Harmonie- und Gleichgewichtssinn als Dichter? Oder verbirgt sich hinter Huizingas Äußerung, jenseits davon, dass sie selbstverständlich gleichfalls historisch zu lesen ist, nur die leise Eifersucht des Historikers, der dem Dichter eine Jungfrau neidet, die er selbst nicht recht in den Griff bekommt? Für den Fall aber, dass es hier, um ein großes Wort zu bemühen, um die Wahrheit geht: dann um welche?

Si fingat, peccat in historiam; si non fingat, peccat in poesin. Wer erfindet, vergeht sich gegen die Geschichtsschreibung; wer dies nicht tut, vergeht sich gegen die Dichtkunst. So fasst, nach Reinhart Koselleck, der 1588 geborene Johann Heinrich Alsted »eine zweitausend Jahre alte Toposgeschichte in einem schlichten Oppositionspaar zusammen. Die Historie habe sich an Handlungen und Geschehnisse, an die *res gestae* zu halten, während die Dichtung von der Fiktion lebe. Die Unterscheidungskriterien zwischen Historik und Poetik zielten auf die Darstellungsweisen, die – überspitzt formuliert – entweder das Sein oder den Schein zur Sprache bringen sollten.« Aber, so fährt Koselleck fort, »schon der gemeinsame Begriff der *res* bleibt zweideutig. Denn die Wirklichkeit der Ereignisse und Taten kann nicht die gleiche sein wie die Wirklichkeit von fingierten Handlungen. Und der Schein kann vom Trug über die Wahrscheinlichkeit bis zum Widerschein des Wahren reichen. Aber modellhaft lassen sich (…)

von diesen Extrempositionen zwei Lager ableiten, die entweder der Dichtung oder der Historie den höheren Rang zuweisen.«

Auf den ersten Blick ein Allgemeinplatz, wie die Tatsache, dass sich die beiden erwähnten ›Extrempositionen‹ sowohl in der Geschichtsschreibung als auch in der Dichtkunst längst (scheinbar) aufgelöst haben. Vor allem Künstler der Gegenwart weisen sie mit dem so verständlichen wie bequemen Hinweis auf ›künstlerische Freiheit‹ und darauf, dass uns die *res factae* ebenso zur Lüge verleiten können wie die *res fictae*, gern von der Hand. Und Historiker weisen zunehmend darauf hin, dass auch sie sich im weitesten Sinn nur als Erzähler verstehen. Denn auch der gewissenhafteste chronistische Text ist den Gesetzen des Textes und der Sprache unterworfen, in der er geschrieben, besser gesagt erzählt wird, und gerät immer in den Verdacht der Parteilichkeit.

Und doch, behaupte ich, ist es nützlich, genau diese Positionen wieder aufzurufen, wenn es um eine Figur wie Johanna geht, denn »im Unterschied zu vielen anderen Ereignissen und Personen aus dem fernen Mittelalter«, so der Historiker Gerd Krumeich, »haben Jeanne d'Arcs Taten und ihr Schicksal eine ungeheure Lebendigkeit behalten. (…) Aber die wirkliche Herausforderung, nach bald 600 Jahren der widerstreitenden Meinungen, besteht darin, sich mit dem zu begnügen, was man wirklich wissen kann. (…) Die Geschichte der Jungfrau ist so faszinierend und ihr Leben quellenmäßig so gut belegt, dass man anders als bei vielen anderen historischen Persönlichkeiten leicht zur Identifikation verführt wird und man das ganze Rätsel der Jungfrau unbedingt lösen möchte. Solche Ambitionen führen unausweichlich zu feinsinnigem Spintisieren, zu Kettenreaktionen von Vermutungen, die dann unversehens zu Tatsachen mutieren.« Und dieser Verführung, möchte ich hinzufügen, erliegen Historiker wie Schriftsteller (und ihre Leser) gleichermaßen.

3. Romantische Tragödie

Werfen wir zunächst einen Blick auf einige im Lauf der Jahrhunderte zu kanonisierter Literatur mutierte Tatsachen, der Einfachheit halber auf drei meiner großen Vorgänger, die sich kaum durch Bescheidenheit auszeichnen, sondern die Jungfrau nach ihrem eigenen Bild erschaffen und ihr eine jeweils eigene und neue Bühne gegeben haben: auf Schillers *Jungfrau von Orleans*, Shaws *Heilige Johanna* und Brechts *Heilige Johanna der Schlachthöfe*.

Es ist, um es mit Lessing zu sagen, »der Dichter (...) Herr über die Geschichte; und er kann die Begebenheiten so nahe zusammenrücken wie er will«. In anderen Worten: Der Dichter gewinnt seine Glaubwürdigkeit durch eine Art *innerer Wahrscheinlichkeit* (Koselleck), indem er die von ihm dargestellten und hinzuerfundenen Ereignisse, Taten und Tatsachen neu verknüpft.

Beginnen wir mit Schiller, der aus *Johanna* eine ›romantische Tragödie‹ macht, um sie unter der Hand zu einer nationalen umzuschreiben: »Ja, liebe Nachbarn! Heute sind wir noch / Franzosen, freie Bürger noch und Herren / Des alten Bodens, den die Väter pflügten; /

Wer weiß, wer morgen über uns befiehlt!« Ein so sprachgewaltiges wie suggestives Historiendrama, in dem Schiller in Fragen nationaler Selbstbestimmung die Zensur seiner Zeit durch historische Abrückung meisterhaft unterläuft. Was die Behandlung der Jungfrau betrifft, so darf er als einer der Ersten gelten, die sie jenseits potentieller Heiligsprechung durch ihre Zeitgenossen oder der Parodie spöttischer Aufklärer (Voltaire) aus den Fängen ihrer eigenen Geschichte und ihres Glaubens befreit haben: Schillers Johanna (der markanteste Unterschied zu *den res factae*) stirbt nicht auf dem Scheiterhaufen der Inquisition, sondern, ihr eigenes Schwert führend, als Soldat in der Schlacht.

Aber nicht das ist die entscheidende Wende in der literarischen Rezeption. Die eigentliche Emanzipation des Dichters Schiller von seinem historischen Stoff besteht in der schlichten Tatsache, dass sich Schillers Johanna verlieben darf, nein, verlieben MUSS, um menschlich verstehbar und damit überhaupt erst tragödientauglich zu werden: »Wer? Ich? Eines Mannes Bild / In meinem reinen Busen tragen? / Dies Herz, von Himmels Glanz erfüllt, / Darf einer ird'schen Liebe schlagen? / Ich, meines Landes Retterin, / Des höchsten Gottes Kriegerin, /Für meines Landes Feind entbrennen! / Darf ich's der keuschen Sonne nennen, /Und mich vernichtet nicht die Scham?«

Geniestreich eines Klassikers! Denn die historische Geschichte der Jeanne d'Arc ist zwar staunenswert und dramatisch, taugt aber künstlerisch betrachtet überhaupt nicht zum Drama, weil sie keinen dramatischen Konflikt im literarischen Sinn enthält. Sie ist nicht mehr und nicht weniger als die Geschichte eines Bauernmädchens, einer analphabetischen Jungfrau vom Land, die, Stimmen hörend, mitten im hundertjährigen Krieg zwischen England und Frankreich, sich von Gott berufen fühlt, ihr Land von der Vorherrschaft der Engländer zu befreien, einen alles andere als tüchtigen König (Karl VII.) zu krönen und höchstpersönlich als Soldat in die Schlacht zu ziehen und die dabei, von ihrem Widerruf (den sie tags darauf wiederum widerruft) abgesehen, nicht einen Augenblick von ihrem Weg abweicht.

Dramatisch ist sie also nur, was die *res factae*, nicht aber, was die *res fictae* betrifft, die, wie jeder weiß, einer anderen Dramaturgie bedürfen. Dramentauglich im klassischen Sinn ist einzig ein Stoff, der nutzbare Brüche aufweist, um sich schließlich als tragisch (oder komisch) zu erweisen. Christliche Ikonografie aber, im Sinn einer *Legenda Aurea*, der Erzählung vom Leben der Heiligen, weist solche Dramen nicht auf, sondern produziert Vorbilder für Trost und Erbauung, die für Schillers Auffassung von Geschichte längst nicht mehr taugen.

Schiller löst das Problem mit leichter Hand: Ein Blick in die Augen eines gegnerischen Engländers genügt, um das mittelalterliche Bild von der unberührbaren, nicht menschen-, sondern himmelwärts blickenden Jungfrau aus dem Konzept zu bringen. Fortan ist die Jungfrau verliebt, in anderen Worten: berührbar. Sie ist FRAU geworden und taugliche Heldin im Widerstreit mit sich selbst und fällt damit hinter die christliche Ikonografie und in die Antike zurück, in jenen wahrhaft tragischen Konflikt, der nicht zwischen *richtig und falsch* ausgetragen wird, sondern, unlösbar, *zwischen richtig und richtig* bzw. *falsch und falsch*: Was immer Johanna tut, wie auch immer sie argumentiert, wie auch immer sie sich entscheidet, sie wird, sie muss sterben.

Was eine solche Darstellung außer Acht lässt, ist die so einfache wie unbegreifliche Tatsache, dass die historische Jungfrau sich gar nicht entscheiden musste, weil sie sich längst entschieden hatte. Aus dem Versuch einer *Imitatio Christi* der mittelalterlichen Johanna ist ein klassisch nationales Familiendrama geworden. Hier muss die göttliche Liebe an der menschlichen Liebe scheitern. Denn trotz Schillers pathetisch inszenierter Himmelfahrt am Ende des Dramas geht hier ein menschlich fühlendes, ein zerrissenes Herz weniger zu Gott als vielmehr zugrunde. Der Zuschauer lehnt sich so ergriffen wie erleichtert zurück, denn jetzt kann er sich – dank der Schiller'schen *res fictae* – mit einer Jungfrau identifizieren, die, würden wir bei den *res factae* bleiben, für den modernen Menschen kaum mehr identifizierbar ist.

4. Dramatische Chronik

Über zweihundert Jahre später versucht George Bernard Shaw das Rätsel der Jungfrau auf seine Weise zu lösen. Keine *romantische Tragödie*, sondern eine *dramatische Chronik*, die mit den prosaisch ländlichen Worten beginnt: »Keine Eier! Keine Eier! Donnerwetter, Mensch, was soll das denn heißen: keine Eier?!« Shaw hat es auf den ersten Blick leichter als Schiller, stehen ihm doch (dank des Historikers Jules Quicherat) die Dokumente über den gegen Johanna geführten Prozess sowie über das fünfundzwanzig Jahre nach ihrem Tod angestrengte Rehabilitationsverfahren zur Verfügung. In den Prozessakten kommt, neben zahlreichen Zeitzeugen, vor allem Johanna selbst zu Wort und damit zu einer eigenen Sprache, und man darf, bei aller Zurückhaltung in Fragen der Authentizität, davon ausgehen, dass Johanna in den Verhörprotokollen mit einer eigenen Stimme zu uns spricht.

Anders als Schiller hat Shaw sich sehr genau mit den *res factae* befasst, wovon das fast siebzig Seiten umfassende Vorwort zu seinem Stück ein ehrgeiziges Zeugnis ablegt. Auf den ersten Blick fallen Historiker und Dramatiker auf erstaunliche Weise in eins. Auf den zweiten Blick erweist sich die Recherche, wie so oft in der Literatur, als potentielle Falle, tritt doch der Historiker Shaw mit dem Dramatiker Shaw unfreiwillig in Konkurrenz.

Denn wer jemals die Originalprotokolle der Verhöre Johannas gelesen hat, wird feststellen, dass es ein Ding der Unmöglichkeit ist, Johanna eine neue Stimme zu geben, sofern man nicht, wie Schiller, genau das Gegenteil von Shaw tut, nämlich versucht, sich vom Original so weit wie möglich zu entfernen. In den Protokollen spricht Johanna höchstselbst, mit einer Stimme, die literarisch kaum zu übertreffen ist: klar, unmittelbar, gegenwärtig, schlagfertig und naiv; weder somnambul noch pathetisch, schon gar nicht romantisch. Eine Stimme, die fast zwingend zum Theater verführt, aber, paradoxerweise, genau diese Theatralisierung kraftvoll verhindert.

Man ist also kurzfristig verführt, dem Historiker Huizinga recht zu geben, wenn er behauptet, dass nicht jeder historische Stoff durch Literarisierung gewinnen, sondern durchaus auch verlieren kann. Dann allerdings käme man allzu schnell zu dem Ergebnis, dass alle Autoren, von Schiller bis Brecht (und ebenso alle Regisseure der späteren zahlreichen Verfilmungen), an Johanna ›gescheitert‹ sind, weil sie, wo nicht in die Falle der Überhöhung, in die Falle gesteigerter Nachahmung, Aktualisierung, Politisierung oder Psychologisierung gehen.

Shaw versucht es trotzdem, auf so achtbare wie redliche Weise. Erstaunlich genug, bemerkt Huizinga, dass es in der Laufbahn des großen rhetorischen Dramatikers gerade Johanna ist, die ihrem Meister seine berühmte satirische Sprache verschlägt. Sanft wie ein Lamm geht er vor Johanna förmlich in die Knie, aber da er sich vor jeder Art mystischer oder visionärer Verzerrung fürchtet, versucht er gleichzeitig, sie so pragmatisch und zugänglich wie möglich zu machen. Aus der Jungfrau wird ein weiblicher Kumpel in Waffen, das Mädchen als Knappe, bar jeder erotischen Ausstrahlung, dafür aber ausgestattet mit ›gesundem Menschenverstand‹ (eine von Shaws Lieblingsvokabeln, schließlich sind wir in England!), eine Marketenderin, die in der höheren Sache Gottes mit den Soldaten zieht, eines Gottes, der, wie auch seine Bischöfe, in Shaws Dramatisierung auffallend anglikanische Züge trägt. Ein Gott, von dem Johanna nichts wusste; sie war katholischer, als es Shaw lieb sein konnte, der sie in seinem Vorwort mit Bedacht zu ›ersten Protestantin‹, wenn nicht gar zu einer Vorläuferin Martin Luthers stilisiert, weil sie sich in ihrem Verhältnis zu Gott jenseits aller Vermittlungshierarchien der Kirche auf ihr berühmtes ›Regiere dich selbst‹ beruft.

Shaws Stück berührt trotzdem, denn man ertappt einen alternden Künstler dabei, wie er sich eine Jungfrau erschafft, die sagen darf, wovon der Mann nur träumt: »O Gott, der du diese wundervolle Erde geschaffen hast –: wie lange soll es denn noch dauern, bis sie bereit ist, deine Heiligen zu empfangen?« Auf diese Weise trifft und verfehlt Shaw die Figur der Johanna auf beeindruckende Weise gleichzeitig. Seine Johanna ist einfach ›too smart‹, weil er selber zu klug für sie ist. So sehr Johanna ›Kind ihrer Zeit‹ war, so wenig begriff sie die Konventionen des allmählich untergehenden Rittertums ihrer Epoche, den Selbstzweck von Ehre und Ruhm, der sich, wie Huizinga im *Herbst des Mittelalters* anschaulich beschreibt, am Ende in sich selbst erschöpft, in schweren Gewändern und den hohen Hauben der Damen, die längst nicht mehr durch den Türrahmen passen.

Johanna aber wusste kaum, was ein Ritter ist, weil sie glaubte zu wissen, was er tut: Er kämpfe für Gott. Sie lebte von der durch und durch naiven und idealisierten Auffassung der ritterlichen Tat, die nicht anders als GUT sein könne, und blieb damit staunenswert zurück hinter ihrer eigenen Zeit, ohne den Grund ihres eigenen Untergangs zu begreifen. Sie sei, behauptet Huizinga, ›zu wirklich‹ gewesen in einer unwirklichen Welt. Womit er allerdings nicht ihre von Shaw forcierte rhetorische Bauernschläue meint oder womöglich ihre

Fähigkeit, französische Hühner wieder zum Eierlegen zu bewegen, sondern das ihr so selbstverständliche wie uns heute vollkommen unbegreifliche Ineinanderdenken zweier scheinbar unvereinbarer Sphären: der des Himmels und der der Erde.

Womöglich verhält es sich aber auch genau umgekehrt, und Johanna war unwirklich in einer wirklichen Welt, die sich auf desillusionierende Weise anhand ihrer ›Kampfgefährten‹ beschreiben ließe. Das prominenteste Beispiel ist ihr Zeitgenosse und Mitstreiter im Krieg gegen die Engländer, Gilles des Rais, adliger Offizier und Knabenschänder, grausamer Bewohner einer alles andere als ›wunderbaren‹ Welt, dem weit über einhundertvierzig Knabenmorde zur Last gelegt wurden, in einem Prozess, der mindestens ebenso gut dokumentiert und neben dem Johannas als einer der spektakulärsten in die Geschichte des fünfzehnten Jahrhunderts eingegangen ist. Kaum anzunehmen, dass Johanna eine Ahnung von den Umtrieben ihres Mitstreiters hatte. Auch darüber, dies sei als Fußnote angemerkt, ist literarisch fabuliert worden, unter anderem in Michel Tourniers ›Gilles und Jeanne‹ (1983), der die beiden Protagonisten zu einem höchst zweifelhaften Paar im Kampf zwischen Gut und Böse stilisiert hat.

5. Fleisch

Kommen wir von den Eiern zum Fleisch: »Wie wir deutlich merken, lieber Pierpont, ist der Fleischmarkt seit kurzer Zeit recht verstopft. Auch widerstehen die Zollmauern im Süden allen unseren Angriffen. Demnach scheint es geraten, die Hand vom Fleischhandel zu lassen, lieber Pierpont.« So beginnt, aufdringlich Schiller parodierend, Bert Brechts in den Jahren der Weltwirtschaftskrise (1929/30) entstandenes Stück *Die Heilige Johanna der Schlachthöfe*.

Das Brecht'sche Verfahren muss nicht näher erläutert werden. Aus der romantischen Tragödie ist über die dramatische Chronik ein Lehrstück geworden. Brechts ›hohe Sprache‹ dient der Entlarvung des Gegenstands und der Geschichte, sie ist rhetorisches Mittel, sie überhöht, um die niedrigsten menschlichen Beweggründe, Ausbeutung und Unterdrückung, sichtbar zu machen. Im historischen Materialismus geht es, das ist nicht ironisch, sondern praktisch gemeint, nicht mehr um Gott, sondern längst um die Wurst. Stoff und Figur sowie literarische Vorlagen werden Teil des Prozesses, sie dienen einzig der Instrumentalisierung, der Politisierung, dem Lehrbeispiel. Brechts Jungfrau führt auf beispielhafte Weise vor, was Aktualisierung in der Literatur bedeutet. Sie reduziert unter dem Vorwand von Enthüllung und Aufklärung Geschichte auf ihren ideologischen Gehalt, um Lehren aus ihr zu ziehen und diese nutzbar zu machen.

Erlauben wir uns an dieser Stelle, für einen Moment anzunehmen, Literatur schaffe nicht neue Welten, sondern neige dazu, die Welt aus einem so ängstlichen wie ästhetischen oder politischen Ordnungsbedürfnis heraus mit künstlerischen Mitteln zu schrumpfen und zu vereinfachen, sie also nicht größer, sondern kleiner zu machen, dann haben wir es im Fall von Brechts Jungfrau mit einem radikalen Schrumpfungsversuch zu tun. Das moderne Lehrstück fällt hinter die klassische Tragödie zurück und wird, unter umgekehrten Vorzeichen, wieder zum Erbauungsstück, nicht christlich allerdings, sondern marxistisch.

Brecht wusste genau, wie das geht. Er kannte seine Bibel. Allerdings hat seine Johanna Dark, das Mädchen von der Heilsarmee, mit ihrer historischen Vorgängerin so gut wie gar nichts zu tun, obwohl Brecht sich jahrelang mit dem Stoff der heiligen Johanna auseinandergesetzt hat. Auch er war offenkundig fasziniert von ihr, aber im Gegensatz zu Schiller und Shaw ist seine Johanna, und das ist verblüffend, tatsächlich ein Opfer. Johanna, die Pazifistin, die das Gute will und das Böse tut, weil sie zu naiv ist, die Gesetze des Marktes zu durchschauen und ihren Feind zu erkennen, wird unfreiwillig zu einer Verräterin an ihrer eigenen Sache.

Ein heldenhafter Tod ist ihr allerdings nicht beschieden, sie stirbt weder auf dem Scheiterhaufen noch in der Schlacht, sondern »erkrankt an Lungenentzündung auf den Schlachthöfen Chicagos, im Dienste Gottes, Streiterin und Opfer!«. Die Lungenkrankheit, das passive Siechtum, ist in etwa die letzte Krankheit, die man Johanna andichten möchte. Immerhin aber wird ihr, genau wie bei Schiller, mit romantisch theatralischem Gestus im Tod die Fahne beigegeben, jene Fahne, von der sie in den Verhörprotokollen sagt, sie sei ihr ›tausendmal lieber‹ gewesen als das Schwert.

Rührstück? Parodie? Propaganda? Oder womöglich doch halbe Hommage? Brecht selbst hat die Uraufführung seines Stückes (1959 in Hamburg) nicht mehr erlebt. Die Nationalsozialisten hatten das Stück verboten und der SED-Führung war es ›zu revolutionär‹.

6. Mittelalter

Nur war Johanna so wenig Revolutionärin wie Feministin. Vermutlich liegt genau darin der Grund für die Faszination und Provokation, die bis heute von ihrer Person ausgehen. Ihre Unabhängigkeit und Autonomie, ihr so unerbittliches wie naiv anmutendes *Regiere dich selbst* berühren uns auf großartige wie unangenehme Weise gleichermaßen. Es sind Johannas rätselhafte Einfachheit und Kompromisslosigkeit, die verwirren, ihre unumstößliche *Wirklichkeit*, die anzieht und abstößt und, gerade weil sie so unbeschreiblich ist, ihre Fiktionalisierung herausfordert.

Aber was fängt ein Schriftsteller mit einer Figur an, von der er weiß, dass sie seit Jahrhunderten sehr gut ohne ihn auskommt? Auf den ersten Blick lässt sie sich zwar in jeder Hinsicht nutzbar machen: Die ›Frauenfrage‹ ist nach wie vor so relevant wie die ›Gottesfrage‹ und die Kriegs- und Gewaltfrage. Und das Mittelalter kommt, jedenfalls unter konsumorientierten Aspekten, immer gut. Genug Gründe also, sich hinzusetzen und auf der Suche nach Stoff für ein nächstes Buch zu finden: Jeanne d'Arc, die passt, das läuft.

Auf den zweiten Blick aber passt sie nie. Oder nur für den, der entschieden nimmt, was er braucht, und den Rest der Geschichte entschlossen über Bord wirft. Werfen wir einen Blick zurück: Bedeutungsvoll gefühlig und kitschig ist Johanna vor allem durch ihre Rezeption im neunzehnten Jahrhundert geworden, so wie das neunzehnte Jahrhundert in seiner nationalen Überhöhung des Romantischen zur eigentlichen Gründungszeit dessen wurde, was wir uns bis heute unter Mittelalter vorstellen: eine gefühlsintensive Zeit kindischer Exaltiertheit und sinnlichen Handwerks, voll übertriebener Farben und Bilder, in der man noch schwere Rüstungen und hohe Hauben trug, Zaubergetränke anmischte, Engel sah und Stimmen hörte.

Allerdings war das Mittelalter weder wagnerianisch, noch war Johanna Isolde oder Walküre. Es sind wir selbst, die sich so sentimental wie selbstmitleidig in diesen Bildern vermeintlich großer und echter Gefühle spiegeln, die es niemals gegeben hat. »Geschichte«, bemerkt der Historiker Valentin Groebner, »ist eine Wunschmaschine.« Wie aber lässt sich jenseits der Wunschmaschine, jenseits retrospektiver Sehnsüchte, jenseits von florierenden Mittelaltermärkten des einundzwanzigsten Jahrhunderts und multimedialer Vermarktung von Minne und Turnier eine Zeit verstehen, deren Kategorien uns ansonsten vollkommen abgehen? Die Kategorie ›Heilige‹ beispielsweise, eng verbunden mit der Vorstellung einer Möglichkeit tatsächlich selbstlosen Handelns, ist uns mindestens ebenso fremd wie die Kategorie positiv besetzter Jungfrauenschaft, sodass wir Johanna eigentlich gar nicht verstehen können. Wir können nicht hinter die Moderne zurück, hinter die Psychoanalyse schon gar nicht. Als was also könnten wir uns eine Heilige vorstellen? Als Star? Als Heldin, als Pionierin, als Psychopathin? Als alles, was Johanna nicht war.

7. Heiligkeit

Aber war sie überhaupt eine Heilige? Die Kirche, auch davon soll hier die Rede sein, tut sich nicht weniger schwer mit ihr als jene Dichter, die sie besingen wollten. Wenn wir uns fragen, wer Johanna am besten kannte, dann nicht Huizinga, Schiller, Shaw oder Brecht, sondern jene Promotoren, die sich, vermutlich aus nationalpolitischen Gründen, zu Beginn des zwanzigsten Jahrhunderts (Johanna wurde erst 1920 heiliggesprochen) im Dienst der katholischen Kirche mit dem Leben Johannas befassten, um in mühsamer Kleinarbeit zu überprüfen, ob sie sich kanonisieren ließe, in anderen Worten: ob sie überhaupt zur Heiligen taugt.

Nicht wenige Gründe sprechen dagegen. Erstens: Johanna ist eine Frau, die in Männerkleider steigt, aber, und das macht die Sache schwierig, nicht um sich darin zu verstecken (wie etwas Gustav Adolfs Page), sondern um Jungfrau und Ritter zugleich zu sein. Johanna ist nicht subversiv, sondern offensiv, in jeder Hinsicht präsent, eine Frau, die sich zeigt. Zweitens hat Johanna Gewalt angewendet, was jeder Heiligkeit abträglich ist. Drittens hält sie sich für die Tochter Gottes (*Imitatio Christi*) und setzt sich über die Kirche hinweg. Viertens fehlt es an Wundern. Johanna ist keine Wundertäterin, keine Handaufleglerin, keine selbsternannte Priesterin. Ihr Leben ist fromm, aber nicht kontemplativ, ihr Tatendrang selbstlos, aber nicht karitativ, und ihr Tun folgt einem politischen Ziel, aus dem sie kein Geheimnis macht. In anderen Worten: Johanna passt zwar ins Abenteuer, taugt aber nicht zum Vorbild. Und, um es komplizierter zu machen, sie taugt auch zum Antivorbild nicht, ihr Handeln lädt nicht zur Nachahmung ein.

Was bedeutet das für die Erzählung? Wie formt man eine Legende aus einer Lebensgeschichte, deren Protagonistin durch ihr Handeln die Erzählregeln schlicht auf den Kopf stellt, indem sie einfach die Rollen verkehrt? Denn Johanna ist nicht die Jungfrau aus dem Märchen, die der heilige Georg vor Drachen rettet, sondern sie greift selber zum Schwert, um nicht weniger als ein Land zu erlösen, weil sie des Wartens müde ist. Sie ist also Jungfrau und Ritter zugleich, Mann und Frau in einer Person, Pferd und Reiter, Verheißung und Erfüllung in einem.

Das gibt uns eine Ahnung davon, was Huizinga aus dem Gleichgewicht brachte: ein heiliggesprochenes Paradox. Und es gibt uns einen Hinweis darauf, warum Johanna mit ihrer ›Wirklichkeit‹ bis heute all ihre Dichter foppt. Hätte ich mir Johanna erfunden (also ausgedacht, was unmöglich ist), hätte mein Lektor sie mir um die Ohren gehauen: Liebe Frau Hoppe, entscheiden Sie sich, wen wollen Sie zeigen? Mit wem hat ihre Geschichte zu tun, wen bringt sie zur Sprache: Amazone oder Nonne?

8. Gespräche

Gute Frage. Wo steckt Hoppes Johanna? Wo ihre Gegenwart, ihre Relevanz und eine Bedeutung, die über Denkmalpflege, persönliche Liebhaberei und Nostalgie hinausgeht? Wozu der Versuch, im einundzwanzigsten Jahrhundert noch einmal von vorn über Johanna zu schreiben? Wie und wo spürt man sie auf? Für wen? Kann man sie aufspüren, indem man sich in ihre Zeit versetzt? Aber wer kann sich allen Ernstes ›in eine Zeit versetzen‹, in fremde Räume und fremde Kostüme?

Ich habe ein einfaches Mittel gewählt. Erstens den Abschied vom Drama, keine Bühne für Johanna, das erspart ihr den persönlichen Auftritt, das Kostüm, die heroische Rüstung. Die literarische Gestaltung ist immer ein Übergriff der Imagination, die sich mit lauter Fragen befasst, die selten auf den Wesenskern zielen: Wie sah sie aus: groß oder klein (klein!), blond oder braun (braun!), die Stimme hoch oder tief (hoch!). Das alles entfernt uns von Johanna. Der direkteste Weg, behaupte ich (und halte es dabei mit Huizinga), ist der Nichtauftritt der Hauptfigur. Präsenz durch Abwesenheit. Platz für die eigene Vorstellungskraft.

Also bin ich schreibend zuhause geblieben, in der so genannten Gegenwart, von der ich schreibend ahne, dass es sie genauso wenig gibt wie die Vergangenheit. In meiner *Johanna* habe ich mich für Figuren entschieden, denen das historische Personal und das behauptete Heldentum nachgeordnet sind, für gegenwärtige Typen also, die ich aus eigener Anschauung kenne oder wenigstens zu kennen glaube: für kleinformatige Akademiker, Studenten, Professoren und Assistenten, die in ein Gespräch über die abwesende Johanna eintreten.

Das ist weder originell noch einfallsreich, weder wirksam romanhaft noch unterhaltsam, aber die einzige Möglichkeit, Johanna aus den Fängen der Satire, der romantischen Tragödie, der dramatischen Chronik, des politischen Lehrstücks und der Aktualisierung (die jeden Stoff akut altern lässt!) zu befreien. Allem voran aber aus den Fängen tradierter Erzählmuster, die in erster Linie auf ein hierarchisches Verhältnis zwischen Figur und Verfasser zielen und damit zugleich auf ein verordnetes Verständnis von Geschichte, in anderen Worten: auf Ordnung, Kontrolle und vorgelegte Interpretation.

Und auf einmal wird Johanna überraschend präsent, weil sie nicht mehr nach den Regeln einer literarischen bzw. dramatischen Figur funktionieren muss. Vergegenwärtigung als literarisches Prinzip, der Verzicht auf den historischen Zahlenstrahl. Auf diese Weise wird die Figur nicht nur zu einem exklusiven Gesprächsgegenstand, sondern allem voran zum so einfachen wie höchst komplexen und komplizierten Gegenüber und auf überraschende Weise doch relevant, weil wir eingeladen sind, selbst in ein Verhältnis mit ihr zu treten, ob es uns passt oder nicht: ›Johanna brennt, und ich schlafe‹ – ›Johanna brennt, und ich sitze im Hörsaal‹.

Was mich betrifft, so gilt das einfache Gesetz, das für jeden Stoff gilt, mit dem ich umgehe: Auge um Auge. Zahn um Zahn? Das trifft auch auf Johanna zu. Das Prinzip der Anschauung und des Gegenübers ist dabei durchaus nicht immer von Sympathie getragen. Wen sehen wir vor uns, wenn wir schreiben? Und – gefällt uns, was wir da sehen?

Unmittelbare Anschauung, Gleichzeitigkeit und versuchte Nähe mögen zweifelhafte Erzählkriterien sein, die Qualität des Unternehmens erweist sich allerdings ausschließlich am Text. Erst wenn er geschrieben ist, weiß man, ob die Begegnung funktioniert oder nicht. Das birgt immer ein Risiko, aber um dieses Risikos willen schreibt man schließlich Literatur.

9. *Blicke*

Ich zähle nicht zu jenen Schriftstellern, die stolz sind auf ihren kalten Blick. Johanna lässt nicht kalt. Der *kalte Blick* ist ein Trend, leicht festzumachen am Vokabular von Rezensionen, in denen das Verb *sezieren* auffallend oft vorkommt, auch *rasiermesserscharf* oder *analytisch präzise*. Nicht selten ist von *Versuchsanordnungen* die Rede. Als wollte man die Qualität des Geschriebenen daran messen, ob der Autor unter sauberen Laborbedingungen gearbeitet hat. Autor und Rezensent als Zwillingslaboranten. Lob der Recherche, Lob des Fleißes, der fleißige Schriftsteller als der bessere.

Das hat mit einer historisch verständlichen Abstandnahme vom Vergnügen am Heroischen zu tun, vom Heiligen ganz zu schweigen, mit Selbstkontrolle, Selbstzensur und der Tatsache, dass Schriftsteller sich bescheiden geben, gern sagen: Ich bin Handwerker, ich habe mich am Stoff abgearbeitet. Das ist mir zu protestantisch, zu bildungseifrig. Ich arbeite mich nicht am Stoff ab, möchte auch nicht in meinem Stoff verschwinden, mich nicht darin auflösen. Ich möchte mit meinem Stoff, mit meinen Figuren in Verbindung treten, in ein Gespräch, wie schwierig auch immer, das nicht anfängt und nicht aufhört, wie Johanna nicht auszuloten ist, man wird ja mit ihr nicht fertig.

Was die Bearbeitung historischer Stoffe betrifft, so vermute ich, dass auch meine Kollegen nicht fertig werden. Niemand wird mit Burton fertig, mit Humboldt, Napoleon oder Hitler. Das Nichtfertigwerden ist ein Beweis für Qualität, ein Beweis für die Gegenwärtigkeit des Stoffes und der Figuren. Der Roman als Gespräch also. Als Dialog. Was die Sache natürlich nicht leichter macht. Auch im Gespräch muss man sich schließlich an Formen halten, und schreibend zu sprechen ist besonders schwierig. Ein kluger Schriftsteller würde jetzt sagen: Dann hast du nicht nur ein Johannaproblem, sondern vor allem ein Schreibproblem und solltest vielleicht nicht andauernd versuchen, große historische Stoffe in kleine literarische Säcke zu nähen, warum lässt du nicht einfach die Finger davon?

Ich gehe aber beim Schreiben anders vor. Mich interessiert nicht, wie etwas war oder gewesen sein könnte. Ein simples Beispiel: Johanna, hören wir, hat Stimmen gehört. Interpretations- und Erklärungsversuche dafür gibt es wie Sand am Meer. Dabei handelt es sich in der Regel um Interpretations-, Übertragungs- und Übersetzungsversuche, um die Aktualisierung von Diagnosen und Kategorien. Mich aber interessiert, was die Erzählung betrifft, einzig der Tatbestand, nicht seine Auflösung durch die Erklärung. Johanna ist in der Legende genauso wenig zu fassen wie in der Verschwörungstheorie oder der Krankengeschichte. Und in der Leugnung des Wunders so wenig wie im Wunder.

Wer aber wäre Johanna heute? Selbstmordattentäterin, fanatische Rechtsaußen-Politikerin, militante Feministin? Das ist für mich unbedeutend. Denke ich also ahistorisch? Nein, die Sache liegt anders, und damit kehre ich an den Anfang zurück. Mich interessiert nicht, wie etwas gewesen sein könnte, sondern, was heute ist. Das WIE ist Sache der Wissenschaft, das WAS die Sache der Literatur.

Das Problem des historischen Romans, der floriert, sobald wir nicht weiterwissen und uns, wie Orpheus, nach verlorener Liebe umdrehen, ist, dass er ein Zwitter ist, Fake, Vorspiegelung falscher Tatsachen, Entführung in die Vergangenheit, ein von der Gegenwart abgetrennter Raum, der uns weismachen soll, das Schlimmste läge längst hinter uns, wir seien klüger als die, die vor uns waren. Aber was ist mit denen, die nach uns kommen? Darum hülle ich den Leser weder in die Kostüme der Vergangenheit noch Johanna in das Kostüm der Zukunft.

Das hat, natürlich, Konsequenzen. Zweifel am eigenen Tun, ebenso am Tun der anderen, an unserem Umgang mit Geschichte und Literatur. Das geht auf die Nerven, vor allem dann, wenn man wissen will, wer Johanna war und wie alles gewesen sein könnte.

10. *Licht*

Es gibt, grob gesagt, zwei Typen von Schreibern und, genauso vergröbert, zwei Typen von Lesern: Der eine ist auf Lernerfolg aus, der andere auf Erkenntnis, der eine möchte etwas erfahren, der andere will in die Schule der Wahrnehmung gehen. Der eine will Stoff, der andere Licht. Was bleibt, ist das ewig lächerliche Bemühen um Wahrheit, denn Geschichte und das

Sprechen darüber sind ohne Anfang und Ende. Infragestellung mithin unerlässlich. Ironie tröstlich: Wir wollen Zeugen sein, obwohl wir wissen, dass wir es niemals sind. Wir möchten dabei gewesen sein, aber wir verstellen uns mit uns selbst den Blick, denn »was wirklich geschieht, ist immer schon überholt, und was davon berichtet wird, trifft nie mehr das, was ›eigentlich‹ geschehen ist.«

Mittendrin stecken wir. Zwischen Vergangenheit, was Erfahrung meint, und Zukunft, was Erwartung meint. Nur für die Gegenwart gibt es keinen Namen, weil niemand weiß, was in ihr geschieht, weshalb wir sie nur im Gespräch erfahren, im Gegenüber behaupteter Gleichzeitigkeit.

Wo also steckt Johanna? Lässt sie sich in die Kunst des Gesprächs hinein retten? In die Behauptung des poetischen Raums? Ich wünschte, ich könnte mich dahin zurückziehen, dann wäre ich Dichter und auf der sicheren Seite. Aber es gibt keine sichere Seite, weder im Schreiben noch im Leben. Deshalb habe ich diesen Stoff gewählt. Weil Johanna jene Falle markiert, in der alle Schriftsteller stecken: Wir wollen uns zur Welt und ihrer Geschichte verhalten, mit unserer eigenen Sprache, mit unserer höchst persönlichen Imagination. Wir wollen Künstler sein und uns die Hände dabei nicht schmutzig machen.

Johanna dagegen greift zum Schwert, setzt sich aufs Pferd, reitet los und wird schuldig. Diesen Konflikt, in der Welt zu sein und sie weder schreibend noch beschreibend fassen zu können, muss man aushalten können. Was heißt das in Bezug auf Hoppes Johanna?

Auch dieses Buch ist eine ›Wunschmaschine‹, weil es, wenn es denn etwas erzählt, von dem großen Wunsch erzählt zu handeln und dem Eingesperrtsein im Erzählen darüber. Es spiegelt die Last und Faszination der Geschichte. Egal, welche historische Figur ich wähle – Pigafetta, Johanna, Verbrecher, Versager –, Johanna treibt lediglich auf die Spitze, was auch für meine anderen Bücher gilt: dass man literarisch immer hinter der Geschichte herhinkt. Was heißt, dass sie immer noch vor mir liegt.

Damals, zu Schulzeiten, schien alles einfach. *Menschen und Zeiten* hieß unser Geschichtsbuch. Am Ende eines jeden Kapitels stand der Kasten, der so genannte Überblick, der historische Zahlenstrahl, die Schulhofordnung der Dinge, das altbewährte Schrumpfungsprinzip unter der Überschrift: *Merke folgende Zahlen und Ereignisse.* Das reichte für die Klassenarbeit. Aber nicht für Johanna, deren Antwort auf die Frage der Gerichtskommission nach dem Tag ihrer Rettung immer noch lautet: »Ich weiß weder Tag noch Stunde.« Von Ehrfurcht getragene Bescheidenheit oder das erlösende Ende eines längst überflüssig gewordenen Gesprächs?

Abenteuer – was ist das?
Iwein

1. Ritter sind Frauen

Meine Leidenschaft für Ritter ist alt, sie geht auf meine frühe Kindheit zurück. Meine Erinnerung zeigt mich in unserem Wohnzimmer sitzend, wo unter dem untersten Bücherregalbrett, für ein Kleinkind perfekt auf Augenhöhe, eine Reihe verzaubernder Bilder hing, die wunderbare Gestalten zeigten: manche auf Pferden, andere auf Türmen, dritte auf Leitern hinauf zu Balkonen. Alle trugen lange Gewänder, weich fallend und in leuchtenden Farben, mit goldenen Krägen oder weiten Kapuzen. Hier und da wurden Kränze gereicht oder Kronen getragen, Handschuhe bis hinauf zu den Ellenbogen; auf den Unterarmen saßen prächtige Vögel, eine seltsame Mischung aus Tauben und Falken. Die Pferde hatten lebhafte Mienen und lockige Mähnen. Auch die Ritter und Reiter hatten Locken, manche bis auf die Schultern hinab, andere kürzer, nur bis zum Kinn, dieselbe Frisur, die ich damals trug. Locken hatte ich auch. Woraus ich schloss, dass, wo immer sie lag, diese Welt ausschließlich von Frauen bewohnt war. In anderen Worten: In meiner Kindheit waren die Männer noch Frauen.

Es muss an der Auswahl der Bilder gelegen haben, dass die Welt des Rittertums sich mir in schönsten und kräftigsten Farben zeigte und zugleich in einem märchenhaft milden Licht, also denkbar unhistorisch. Denn die sechs kleinen Bilder, die meine Eltern (sie verfügten weder über Mittel noch höhere Bildung, dafür aber über guten Geschmack) in Handarbeit aus einem Dekostoff ausgeschnitten und auf kleine, grobe Holzplatten geklebt hatten, zeigten nicht die geringste Spur eines Kampfes, kein Turnier, keine Schlacht. Stattdessen Muße und Minne, Vogelflug, Schachspiel und Kränzewinden, Spruchbänder, auf denen *AMOR* stand. Und, natürlich, Musikinstrumente. Wie sind sie bloß in unser kleinbürgerliches niedersächsisches Wohnzimmer der sechziger Jahre des zwanzigsten Jahrhunderts gekommen?

Sie haben die Bilder längst erkannt, es handelt sich um ausgewählte Motive aus der berühmten ›Manessischen Liederhandschrift‹, auch als ›Große Heidelberger Liederhandschrift‹ bekannt. Warum meine Eltern so verliebt in sie waren und warum sie den Waffengang aussparten, sodass mir Schwerter bis heute als pure Dekoration erscheinen, kann ich nur vermuten. Aber so viel ist sicher: Die Motive aus einer anderen Welt, die niemals Wirklichkeit, sondern immer schon reinstes Ideal mit gefährlich doppeltem Boden war, hat mich bis heute geprägt, auch wenn ich, längst eines Schlechteren belehrt, weiß, dass es die lockigen Ritter aus meiner Kindheit in Wirklichkeit nie gegeben hat.

Aber, und dagegen hilft auch die Wirklichkeit nicht (so wie sie weder gegen Märchen noch Schlager hilft), der Traum und der Wunsch nach der besseren Welt (und mit ihr nach der schöneren) sind Adorno zum

Trotz geblieben. Mein hartnäckiges Schreiben über Ritter geht allerdings über das Beschreiben einer Sehnsucht oder eines vermeintlichen Verlusts weit hinaus. In kaum einer anderen Figur abendländischer Geschichte spiegelt sich besser, was mich seit jeher beschäftigt: die Projektion von Größe und Tugend gepaart mit größter Lächerlichkeit, die so großartige wie grausame und nicht selten unfreiwillig komische Inszenierung dessen, was wir leichthin Geschichte nennen.

2. Wunschmaschinen

Aber was ist Geschichte? In seinem Buch *Das Mittelalter hört nicht auf* nimmt der Historiker Valentin Groebner diese Frage von der Gegenwart her in Angriff, indem er inflationär gewordene Mittelaltermärkte und folkloristisch inszenierte Ritterspiele zum Gegenstand seines Interesses macht und fragt: »Für wen machen die Ritter das eigentlich? Die Rüstungen und Waffen sind originalgetreu nachgebaut, die Kampftechniken sorgfältig rekonstruiert (...), Geschichte ist eine Wunschmaschine. (...) Übers Mittelalter zu reden und schreiben heißt, Wünsche zu verhandeln. Denn diese Epoche (...) ist buchstäblich durch Wünsche erschaffen worden, vor mehreren hundert Jahren, und seither wird sie mit Wünschen entworfen, umrissen, ausgestattet und möbliert.«

Aber, so Groebner weiter, »das Mittelalter war schon einmal wichtiger und prominenter, als es jetzt ist. In den letzten Jahrzehnten ist es aus den Selbstdarstellungen staatstragender Institutionen ebenso weitgehend verschwunden wie aus politischen Slogans. (...) Das Mittelalter schrumpft in akademischen Pflichtveranstaltungen ebenso wie in den Lehrplänen der Schulen. (...) Das Mittelalter verschwindet aber nicht aus der Populärkultur, im Gegenteil. Die beiden kommerziell erfolgreichsten Filme der letzten Jahrzehnte, die Trilogien ›Star Wars‹ und ›Lord of the Rings‹, sind Sekundärmittelalter, zusammengesetzt aus den traditionellen literarischen Versatzstücken romantischer Mittelaltermotive, komplett mit Prinzessinnen und Ungeheuern, fahrenden Rittern, langhaarigen Barbarenkönigen und wilden Männern. Die Bahnhofsbuchhandlungen sind voller historischer Romane mit farbenprächtigen Umschlägen und reißerischen Titeln, die im Mittelalter angesiedelt sind. Die künstlichen Welten der Computerspiele wimmeln nur so von Burgen und Bogenschützen. (...)

Das wirft ein paar Fragen auf. Wie sieht das Verhältnis zwischen der institutionalisierten Wissenschaft von der Vergangenheit mit ihren strengen inneren Standards von Authentizität, Dokumentation und Methode und ihrer Umgebung, ihrer äußeren Zeitgenossenschaft aus, wenn es um das Mittelalter geht? Die neuen (oder auch nicht so neuen) Mittelalterinszenierungen der Populärkultur führen vor, dass der öffentliche Gebrauch von Geschichte offensichtlich anderen Gesetzen folgt als denjenigen, die sich die Gemeinde der Historiker von den Zielen ihrer Arbeit selber macht.«

3. Iwein

Auch für die Literatur wirft das Fragen auf, jedenfalls für jemanden, der, wie neben ihm unzählige andere, über Ritter schreibt und von ihrer Geschichte wenig Ahnung hat. In meiner Schulzeit kamen die Ritter nicht vor, und in meinem so kurzen wie oberflächlichen Germanistikstudium schrumpfte ich die Beschäftigung mit alt- und mittelhochdeutscher Literatur auf ein Pflichtproseminar zusammen, von dem mir nur der Begriff der ›Lautverschiebung‹ geblieben ist. Ich erwähne das nicht aus Koketterie, sondern um gleich zu Beginn zu klären, dass meine Begegnung mit Hartmanns *Iwein*, von dem heute Abend die Rede sein soll, nicht die Frucht germanistischer Studien ist, sondern dessen, was sich am besten als ein so unmittelbares wie naives Leseerlebnis beschreiben lässt. Und es handelt sich dabei, auch das sei gesagt, um eines meiner beeindruckendsten und nachhaltigsten Leseerlebnisse der letzten zehn Jahre.

Ich hatte das Buch nach einer Lesung in einer Buchhandlung in Bamberg gekauft, weil es so schön aussah, und las es auf der Heimfahrt im Zug in einem Zug. Das Glückserlebnis beim Lesen beruhte, wie mir im Rückblick scheint, auf einer Art Déjà-vu: ›Wer seinen Blick auf das wahre Gute richtet, der erfährt Glück und Ehre.‹ So lautet, in der schönen, klaren und flüssigen Prosaübersetzung ins Neuhochdeutsche durch Max Wehrli, der erste Satz der Geschichte. Mit diesem Satz, und nicht zuletzt wegen der dem Text beigegebenen Farbtafeln der 1972 auf Burg Rodenegg in Südtirol entdeckten Iwein-Fresken aus dem frühen dreizehnten Jahrhundert, saß ich mit einem Schlag wieder im Wohnzimmer meiner Eltern und war, mit einer Zeitverschiebung von gut vierzig Jahren, wieder zu Gast in jener versunkenen Welt runder Tische, farbiger Kränze, lockiger Damen und bunter Pferde.

Wie lässt sich diese Faszination durch den Text jenseits nostalgischer Gefühle genauer beschreiben? Erstens die Handlung: Das tausend Jahre alte Buch ist spannend, es hat einen Plot und treibt voran. Zweitens die Sprache: Sie ist einfach und klar, so ungeziert wie bildreich und kräftig, sie beschäftigt sich niemals mit sich selbst, sondern zielt immer auf ihren Gegenstand. Drittens der Erzähler: Er macht kein Geheimnis aus seiner Sache, kein Hehl aus seinen Absichten. Er will unterhalten wie belehren und weiß sich dabei so bescheiden wie selbstbewusst in einer europäischen Tradition. Kein exaltiertes romantisches Ich, das sich in den Vordergrund schiebt, stattdessen spricht einer, der gerne betont, er sei gar nicht selbst mit dabei gewesen.

Viertens die Bedeutung des Arguments: Bei allem stürmischen Tempo nach vorn nimmt sich der Autor die Zeit, die er braucht, um zu verhandeln, wovon zu sprechen ist. Er erlaubt sich (und dem Leser) tatsächlich Pausen zwischen den Avventuren, um nachzudenken, zu reflektieren, zu kommentieren. Und hier, wo sonst, kommen Ironie und Humor ins Spiel, die fröhlichen Brüder der großen Moral, die so genauen wie distanzierten Vasallen großer menschlicher Schwächen.

4. Niemandes Mund spricht anders als sein Herz

Was wir allerdings gern vergessen, ist die einfache Tatsache, dass Hartmann, wenn er von Iwein erzählt, nicht erzählt, was wir heute lesen, sondern dass er von und zu Zeitgenossen spricht. *Iwein* ist kein Ritterroman, ein historischer Roman schon gar nicht, kein ins Panorama vergrößertes mittelalterliches Schlachtengemälde aus einer Zeit, die vermeintlich hinter uns liegt und nach Effekten haschend aufs Filmische zielt, sondern, auch wenn das schwer vorstellbar ist, reinste Gegenwartsliteratur. Ein Buch, das man beim Wort nehmen muss. Eine Geschichte, geschrieben von Rittern für Ritter, die noch nicht wussten, was Ritter sind, wie wir heute nicht wissen, wer wir wirklich sein werden und in welches Kostüm man uns dereinst kleidet, für den Fall, wir könnten historisch werden.

Das macht Hartmanns Geschichte von Iwein unvermutet modern. Die Geschichte von einem, der im Hier und Jetzt, auf der Suche nach großen Abenteuern, nicht nur Jungfrauen rettet und fleißig Riesen und Drachen erschlägt, sondern am Ende sich selber trifft. Dies ist das wahre Drama von Iwein: ›Ihn hatte sein eigenes Schwert erschlagen!‹ Psychologie tausend Jahre vor der Psychologie. Hartmanns *Iwein* ist ein praktisches Psychogramm, ein modellhaftes ›Handbuch des ritterlichen Betriebs‹, voll von Kritik am höfischen Wesen.

Aber wie lasen Ritter solche Romane, die in Wirklichkeit keine Romane waren, sondern Vorlesetexte, schlichte Sachbücher, Handreichungen für ein besseres Leben oder zumindest ein Hinweis darauf, wie das richtige Leben zu führen wäre? Wer wären diese Ritter heute? Und wer läse ihnen aus diesen Büchern vor, in denen sich ihr Leben in einem überhohen Ideal spiegelt? Wollten wir heute von Iwein sprechen, müssten wir von einem anderen sprechen, der weder Rüstung noch Schwert trägt, aber immer noch auf der immer selben Geschichte kaut, die uralt ist, weil sie immer noch davon handelt, wie man das richtige Leben führt in einer Welt, die aus lauter Feinden besteht und in der das Gute, Wahre, Schöne und Echte lächerlich ist, weil es das Gute und Wahre so wenig gibt wie das Schöne und Echte.

Empfindliche Leser werden bei Hartmann auf empfindliche Wahrheiten stoßen, in anderen Worten auf so schöne und überraschend zeitgenössische Sätze wie diese: »Eines weiß ich gut: Niemandes Mund spricht anders als sein Herz. Wen immer eure Zunge schmäht, Euer Herz ist daran schuld. In der Welt gibt es manchen falschen und unzuverlässigen Mann, der gern anständig wäre – nur läßt es sein Herz nicht zu. Euch mit Belehrungen zu kommen, ist vergebliche Liebesmüh. Ihr werdet Eure Gewohnheit für niemanden aufgeben: die Hummel, die muß stechen, der Mist wird überall stinken, die Hornisse wird sausen.«

5. *Langeweile und Abenteuer*

Um was geht es genauer? Die Geschichte ist rasch nacherzählt: Ritter Iwein, einer der Besten der Besten am Hof von Artus, will sich – das Hofleben langweilt ihn tödlich – durch die Suche nach Abenteuer beleben und reitet eines Nachts heimlich davon. Unterwegs trifft er auf ein Ungeheuer, das ihm, nach einem kurzen Diskurs über Ruhm und Ehre, den Weg zur magischen ›Gewitterquelle‹ weist.

Die geheimnisvolle *Gewitterquelle* wird im Lauf der Geschichte zum Zentrum von Iweins Schicksal, zum dramatischen Dreh- und Angelpunkt aller Ereignisse. Dort begießt er mit Wasser aus einem Zauberbrunnen einen magischen Stein und löst damit einen Sturm aus, der buchstäblich alles zum Einsturz bringt, nicht nur den Wald im Land nebenan, sondern auch sein eigenes Leben. Von Langeweile, der großen Mutter aller Abenteuer, kann fortan keine Rede mehr sein. Ein Ereignis jagt das nächste: Der stolze Besitzer der Gewitterquelle wird von Iwein im Zweikampf erschlagen, Iwein heiratet dessen Frau, wird zum neuen Burgherrn und könnte für immer glücklich sein.

Doch, wir ahnen es schon, noch ist nicht genug Ehre angehäuft. Aus Angst, sich bei seiner Frau zu *verliegen* (ein Schlüsselwort für alle mittelalterlichen Ritterromane), lässt Iwein sich von seinem Freund Gawein verführen, erneut auf Abenteuer zu ziehen, turniert sich durch die Welt, versäumt (der übliche dramatische Trick) die gesetzte Frist zur Rückkehr, wird von seiner über alles geliebten Frau verflucht und verstoßen, verfällt dem Wahnsinn, reißt sich (buchstäblich!) die Rüstung vom Leib und verliert sich als nackter Mann im Wald. Er hat die menschliche Zivilisation verlassen.

Der Ritter, der alles verloren hat, allem voran sein Gedächtnis an die Ereignisse und damit seine Geschichte und seinen Auftrag, hat unfreiwillig die Seiten gewechselt, fortan lebt er mit den Tieren im Wald und ist unversehens selbst zum sprachlosen Ungeheuer geworden. Damit ist kurzfristig das Ende selbstherrlicher ritterlicher Daseinsbegründungen erreicht. Und mit ihm auch das Ende des Erzählens, jener Ressource also, von der die Menschheit bis heute zehrt und mit der sie glaubt sich wieder und wieder ihrer Existenz versichern zu können. An die Stelle höfischer Argumentationslust tritt ein wortloses Dasein, die ungeheuerliche Anstrengung nackten Überlebens.

Aber dieser Tiefpunkt in Iweins Existenz stellt zugleich einen Wendepunkt dar. Als er, wie es jeder gute Roman verlangt, schließlich doch noch geheilt wird (durch die Hand einer Dame, versteht sich), ist er nicht mehr derselbe. Der dem Wahnsinn entronnene Ritter sucht fortan nicht mehr Abenteuer aus Selbstzweck, sondern besteht Abenteuer als gute Taten, durch die er für gesellschaftliche Gerechtigkeit sorgt und am Ende auch seine Frau wieder für sich gewinnt. Dass sein Weg dabei lang und mühsam ist und von zahlreichen anderen Ungeheuern gesäumt, versteht sich von selbst.

6. *Erwachsen werden*

Als mich im Frühjahr vor zwei Jahren Tilman Spreckelsen, der Herausgeber der *Bücher mit dem Blauen Band*, fragte, ob ich Lust hätte, einen klassischen Artusroman meiner Wahl für Kinder nachzuerzählen, schlug ich sofort ein. Auf *Iwein* fiel meine Wahl aus zwei Gründen: Erstens war es der einzige klassische Artusroman, den ich einigermaßen gut kannte. Zweitens erzählt er, wie alle guten Kinderbücher, von dem großen Wunsch, erwachsen zu werden, in dem sich zugleich die Angst vor dem Erwachsensein spiegelt und der Wunsch, für immer ein Kind zu bleiben, das der Langeweile des alltäglichen Lebens mit dem Traum vom Abenteuer begegnet. In anderen Worten: Iwein, so abwegig das auf den ersten Blick scheint, nimmt die Abenteuer Pinocchios vorweg. Und da *Pinocchio* nun einmal mein unangefochtenes Lieblingsbuch ist, nahm ich *Iwein* gerne in Kauf.

Iwein ist nicht Pinocchio und Pinocchio nicht Iwein, und doch bin ich davon überzeugt, dass beide, jeder auf seine Art, ein und dieselbe Geschichte erzählen. Nur dass Pinocchio von Anfang an im Kalten sitzt, während Iwein, und das macht die Geschichte so fruchtbar, am Anfang noch ganz im Warmen sitzt, als einer, der aus dem Vollen schöpft, der der Welt bis an die Zähne bewaffnet als Turnierkönig in die Arme reitet und erst viel zu spät bemerkt, was Pinocchio längst weiß: dass man sich alles verdienen muss. Pinocchios Traum davon, ein großer Mann zu sein, ist die geschrumpfte Version eines Ritterlebens, das Iwein vor seiner Zeit wie ein unverdientes Geschenk genießt. Und Iweins Erfahrung, alles zu verlieren, ist Pinocchios Grundkapital, der NICHTS hat und sich darum ALLES wünscht und doch ahnt, dass uns nichts davon wirklich zusteht.

Aber wollen wir wirklich ein Lehrstück, eine solche Moral? An diese Stelle gehört eigentlich eine kleine Diskussion über die Bearbeitung so genannter ›großer Stoffe‹, die, wie die Geschichte von *Pinocchio* beweist, im Laufe der Kinderliteraturgeschichte immer wieder umgeschrieben und verharmlost wurden, weil Aufklärer wie Antiautoritäten uns nach wie vor vor dem Erwachsenwerden bewahren wollen, wie jede Disneyfassung klassischer Kinderstoffe beweist. Die Frage lautet also: Wie viel Realität, wie viel Grausamkeit, wie viel Moral lässt sich Kindern zumuten, sobald sie nicht mehr ausschließlich im Reich des Magisch-Phantastischen aufgehoben ist, wo sich das meiste am Ende doch wie von Zauberhand löst? Was, wenn es plötzlich kein Zauberschwert mehr gibt, keinen Zaubertrank, der uns unbesiegbar und stark macht, sondern eine Niederlage der nächsten folgt in einer Welt, die Zauberworte nicht kennt, sondern in der Argument gegen Argument steht, schärfer als Schwert gegen Schwert?

7. *Fauler Zauber und Argumente*

Damit sind wir bei einem entscheidenden Punkt. In Hartmanns *Iwein* spielt Magie eine überraschend unerhebliche Rolle, hier geschieht nichts wie von selbst. In der ganzen Geschichte gibt es lediglich ein einziges Requisit, das auf die Welt des Zaubers verweist, jenen Ring, der Iwein kurzfristig unsichtbar macht und ihn davor bewahrt, von den Männern des von ihm grausam ermordeten Burgherrn (zu Recht) gestellt und getötet zu werden. Alles andere muss er selber tun, auch die Liebe fällt ihm nicht in den Schoß. Dass er überhaupt Hand und Herz von Laudine gewinnt, der Witwe des erschlagenen Burgherrn, ist weniger seiner Kraft und Schönheit zu danken als der Redekunst einer der intelligentesten Frauen, die die mittelalterliche Literatur hervorgebracht hat.

Die Rede ist von Lunete, der Dienerin Laudines, die sich auf Iweins Seite schlägt und in mühsamer Kleinarbeit, Schritt für Schritt, Argument für Argument, ihre Herrin davon zu überzeugen vermag, dass sich deren Kummer nicht lohnt, sondern dass sie, die Gunst der Stunde nutzend, den Mörder ihres Mannes heiraten soll. (Nach unseren Moralvorstellungen ein Skandal und für Kinder, möchte man meinen, eine Zumutung!) Lunete geht dabei so beharrlich wie behutsam vor, bei Hartmann ein langes rhetorisches Meisterstück, das in den einfachen Worten in der Version von Hoppe, reichlich verkürzt, so lautet:

»›Nimm zwei Männer, die gegeneinander kämpfen. Einer gewinnt und einer verliert, so will es das Spiel. Und jetzt meine Frage: Wer von beiden ist der bessere?‹

›Der, der gewinnt‹, sagte Laudine sofort.

›Der, der gewinnt‹, wiederholte Lunete und lachte wieder. ›Und vielleicht hat er auch nur aus Notwehr gewonnen, wer kann das schon wissen. So oder so, ihn trifft keine Schuld. Also vergiss deine Tränen, und such nach dem Mann, der der Beste der Allerbesten ist. Nur so einer kann dich wirklich beschützen. Der muss stärker sein als jeder andere Mann und stärker als der alte Burgherr, denn den hat man erschlagen. Und wenn du sicher regieren willst, darf dir das niemals wieder passieren.‹«

Lunetes Argument ist so praktisch wie schlagend, von Romantik keine Rede. Für ›hohe Minne‹ fehlt einfach die Zeit, denn die Burg des Burgherrn ist in Gefahr und muss gegen Feinde verteidigt werden. Die Romanze, wenn es denn eine ist, spiegelt sich im praktischen Denken und Leben, es geht, um was sonst, um Staatsgeschäfte. ›Wer zögert, verliert!‹ ist nicht umsonst der Kernsatz der Hoppe'schen ›Übersetzung‹ von Hartmann, in dessen Geschichte es um nichts anderes geht als darum, keine Zeit zu verlieren.

Dieses Modell steht in starkem Kontrast zur Artuswelt selbst, die, wie wir wissen, an der großen Liebe zwischen Ginevra und Artus' Lieblingsritter Lancelot zugrunde geht, und sie steht in einem noch größeren Kontrast zu der durch und durch verkitschten wagnerianischen Auffassung von romantischer Liebe, in der ausschließlich große Gefühle die Szene beherrschen und lustvoll zu Vernichtung und Selbstvernichtung führen. In Hartmanns *Iwein* dagegen regieren, bei aller Macht der Gefühle, Moral und Vernunft über die Herzen der Menschen, weil hier Männer noch Frauen sind und man entschieden auch ohne Zaubertrank liebt.

8. Frauen sind Ritter

Tatsächlich sind Hartmanns Frauen nur zum Schein Gerettete und sich selbst verzehrende Wartende. Als Iwein seine geliebte Laudine verlässt, weil sein Freund Gawein ihm einredet, ein Mann sei nur, wer der Ehre nachjage, ist es Laudine, die die Geschäfte des Landes regelt. Und je länger sie auf sich selbst gestellt ist, desto deutlicher wird, dass sie gar keines Ritters bedarf, sondern ziemlich gut ohne ihn zurechtkommt. Die wahre Drahtzieherin der Geschichte aber ist Lunete, die sämtliche Fäden in der Hand hält und so gut wie alle Geschicke regiert.

Hoppes ›Übersetzung‹, die sich insgesamt streng an den Fortgang von Hartmanns Erzählung hält, richtet ein besonderes Augenmerk auf diese beiden Frauengestalten. Laudine hat gegenüber Hartmanns Fassung eindeutig an Profil gewonnen, und um Lunete in ihren Qualitäten jenseits der höfischen Welt, in die sie gehört, für Kinder von heute besser verstehbar zu machen, ist sie zur weltbesten Schachspielerin geworden. Das macht sie so sportiv fassbar wie unfreiwillig tragisch, denn »sie spielt so gut, dass sie selbst mit verbundenen Augen gewinnt. Und wenn keiner mehr gegen sie antreten will, weil alle längst wissen, wie gut sie ist und dass sie immer gewinnen wird, spielt sie manchmal auch gegen sich selbst.«

Hier zeigt sich, natürlich, ein Dilemma – denn Lunete bezahlt für ihre Klugheit den hohen Preis der Einsamkeit, der sich einzig dadurch kompensieren lässt, dass sie Einfluss auf die Geschicke der anderen nimmt. Aber weil sie es nicht aus Selbstsucht tut, sondern aus Einsicht und weil sie die menschlichen Herzen besser als alle anderen kennt, wird sie damit zu einer Art ›Role Model‹, nicht nur für ihre eigene Herrin, sondern auch für die Leserinnen und Leser.

9. Einfache Mathematik

Da wir gerade bei den Übersetzungsaufgaben sind – denn nichts anderes ist Nacherzählen als eine Form des Übersetzens, und auch Lesen heißt immer Übersetzen –: worin bestehen die Schwierigkeiten, wenn man einen Stoff wie *Iwein* in eine lesbare Sprache für Kinder bringen will und – um gleich mehrere Fliegen zu schlagen – in eine lesbare Form auch für erwachsene Leser von heute?

Erstens das bereits oben erwähnte Ungeheuer, das Iwein den Weg zu der alles in Bewegung setzenden *Gewitterquelle* weist. Im Mittelhochdeutschen übrigens *der* Ungeheuer und darum, von Hoppe zurückübersetzt, nicht mehr ganz Ungeheuer, sondern ein *Mann in Gestalt eines Ungeheuers*. Damit sind wir bei der zentralen Frage, die das Wesen des Ungeheuers betrifft, und zugleich bei einer Grundfrage menschlichen Daseins: Was war zuerst da? Der oder das Ungeheuer oder der Mensch? Wer ist nach wessen Ebenbild geschaffen: Der Mensch nach dem Ungeheuer oder das Ungeheuer nach dem Menschen? Wider Erwarten kommen die beiden, Ritter der eine, menschliches Ungeheuer der andere, in ein unkompliziertes Gespräch. Der nur scheinbar monströse Hüter wilder Tiere im Wald nebenan gibt dem Ritter überraschend freundliche Auskunft über sein Dasein und schließt seine Rede mit einer Gegenfrage an den Ritter:

»›Nun habe ich dir ganz und gar gesagt, was du fragen mochtest: nun sei es dir nicht zuviel, mir zu sagen, was du suchst.‹ Darauf der Ritter: ›Ich will es dir mitteilen: ich suche Abenteuer.‹ Da sprach das Ungeheuer: ›Abenteuer, was ist das?‹ – ›Das will ich dir genau auseinandersetzen. Du siehst, wie ich bewaffnet bin: ich nenne mich Ritter und habe im Sinn, dahinzureiten und einen Mann zu suche, der – bewaffnet wie ich – mit mir kämpfe. Es erhöht seinen Ruhm, wenn er mich schlägt; aber besiege ich ihn, so hält man mich für einen echten Mann, und ich habe mehr Ehre als bisher. Ist dir nun in der Nachbarschaft oder hier eine Gelegenheit zu solchem Wagnis bekannt, so verschweig mir nichts und zeig mir den Weg, denn ich bin für nichts anderes auf der Fahrt.‹«

Statt den Text, den ich bis hier aus dem Original zitiere, zu aktualisieren, habe ich, leicht abweichend von Hartmann, das Gespräch der beiden einfach fortgesetzt und um eine kleine Diskussion über den fragwürdigen Ehrbegriff erweitert: »›Ehre, was ist das?‹, fragte der Mann in Gestalt eines Ungeheuers. ›Du willst ein Mann sein‹, sagte Iwein laut lachend. ›und weißt nicht, was Ehre ist?‹ ›Ich hüte die Tiere‹, antwortete der Mann in Gestalt eines Ungeheuers, ›wozu muss ich da wissen, was Ehre ist? Aber da du schon hier bist, will ich es wissen, also sag es mir!‹ ›Ehre‹, sagte Iwein, ›das ist, was ein Mann braucht, um ein Mann zu sein, und ein Ritter, um ein Ritter zu sein. Die Rechnung ist einfach. Je mehr Ehre ein Mann im Leib hat, desto mehr ist dieser Mann ein Mann. Und je weniger er davon hat, desto weniger ist dieser Ritter ein Ritter. Und deshalb versteht jeder Mann sofort, dass jeder Ritter Ehre durch Ruhm suchen muss, um die Menge an Ehre im Leib zu vergrößern und immer mehr Mann und Ritter zu sein. Das ist einfache Mathematik, und deshalb suche ich Abenteuer.‹«

10. *Riesen und doppelte Ritter*

Der *Mann in Gestalt eines Ungeheuers*, der bei Hartmann nur einen einzigen Auftritt hat, bekommt bei Hoppe eine eigene Bühne. Er ist es, der sich später, an Stelle des Hartmann'schen Einsiedlers (welches Kind weiß schon, wer oder was ein Einsiedler ist?) des wahnsinnigen Iweins annimmt und mit ihm sein wortloses Dasein teilt, und er ist es, den Iwein später zum Dank davon erlöst, bis in Ewigkeit wilde Tiere zu hüten – eine Hoppeerfindung, die es bei Hartmann nicht gibt, die einem Wunsch nach höherer Ordnung folgt.

Der Rest der Hoppe'schen ›Übersetzung‹ folgt dagegen dem Prinzip der Entschlackung: Der Hartmann'sche Text hat Längen, weist Umständlichkeiten auf, verliert sich an Namen und in Gegenden, in die ihm ein Leser von heute nicht folgen kann oder möchte. Was die Nacherzählung für Kinder betrifft: das Höfische muss ins Zeitgenössische gebracht werden. Nicht im Sinn einer bildhaften Aktualisierung, aber vom Ton her muss ein altes Regelwerk in ein neues oder allgemeineres übersetzt werden. Nach diesen Regeln müssen vor allem die Sentenzen und Sinnsprüche Hartmanns brauchbar in die Jetztzeit gebracht werden. Nebenbei müssen Statusfragen geklärt werden. Um ein einfaches Beispiel zu nennen: Eine Jungfrau kann keine Jungfrau mehr sein, weil wir uns darunter jenseits sexueller Konnotationen nichts mehr vorstellen können.

Was die Abenteuer und Riesen betrifft: Klar, dass auch die Ritterromane des Mittelalters reichlich Längen und Hänger aufweisen. So viele Riesen in Hartmanns Roman, die vom Helden immer wieder von vorn mit immer demselben Schwert zu erschlagen sind. (Daher die Hoppeerfindung des nimmermüden ›Immerschwerts‹!) In anderen Worten: Hartmanns Riesen ermüden den Leser und müssen durch andere Feinde ersetzt werden, denn nicht jeder Riese kann größer sein als der Riese vor ihm, der seinerseits schon der größte war. Ein Problem, das uns allzu bekannt ist in einer Zeit einander ständig miteinander erschlagender Superlative.

Die vermutlich einschneidendste Veränderung habe ich daher in dem Kapitel der ›Burg zum schlimmen Abenteuer‹ vorgenommen, das nach Form und Inhalt schon aus der Hartmann'schen Dramaturgie herausfällt. Darum werde ich nicht selten gefragt, ob ich die Episode eigenmächtig dazuerfunden hätte, weil sie so ›gegenwärtig‹ und so ›global‹ sei (es geht um eine Szene, in der Kritik an wirtschaftlicher Ausbeutung geübt wird), aber das ist nicht der Fall. Nur den Feind, gegen den Iwein hier kämpfen muss, um die ausgebeuteten Frauen zu befreien, habe ich neu erfunden. Er besteht im Original aus zwei Riesen, die ich durch die Figur des doppelten Ritters ersetzt habe, der nicht mit Körperkraft, sondern mit der ›Kraft der Verwechslung und Verwirrung‹ kämpft. Hier wird die schiere physische Kraft durch psychologische Mittel ersetzt, durch die sich die Bedrohung Iweins ins Unermessliche steigert:

»Es ist nicht die Größe, nicht die Kraft, nicht sein Atem und auch nicht das Schwert des doppelten Ritters, was ihn so entsetzlich und so gefährlich macht. Es ist sein Gesicht! Denn der doppelte Ritter hat zwei Gesichter. Das eine sieht aus wie ein Menschengesicht an seinen allerherzlichsten Tagen. Es lacht und spricht lauter freundliche Worte. Hinter seiner Stirn sitzt kein böser Gedanke. (…) Das andere Gesicht aber ist eine Fratze, in der zwei eiskalte Augen sitzen, für deren Farbe es keinen Namen gibt, weil sie gar keine Farbe haben. Sie sind farblos und leer wie zwei kalte Lichter auf einer gottverlassenen Straße. (…) Jetzt wisst ihr, wer der doppelte Ritter ist, und ich will euch auch sagen, wie er kämpft. Er kämpft nur zum Schein mit Schwertern und Fäusten, denn in Wahrheit kämpft er mit einer ganz anderen Kraft. Das ist die Kraft der Verwirrung und der Verwechslung. Wer immer gegen ihn antritt, niemals weiß er, gegen wen er da kämpft. Er muss nämlich gegen beide kämpfen, gegen den weißen Freund und den schwarzen Feind, gegen den, der einer und zwei zugleich ist.«

11. *Löwenritter*

Was aber unterscheidet Hoppes Iwein tatsächlich von Hartmanns Iwein? Es ist die erweiterte Rolle der Hauptfigur, von der heute Abend noch gar keine Rede war: der große König der Tiere. Denn was wäre ein Löwenritter ohne einen richtigen Löwen? Und was könnte einen Stoff für Kinder attraktiver machen als ein Löwe, der sich als der treueste Begleiter seines Ritters erweist? Schicksalhafte Paarbildungen sind jeder Erzählung dienlich!)

Bei Hartmann kommt der berühmte Löwe erst in der Mitte des Buches ins Spiel, als Iwein, aus seinem Wahnsinn erwacht und geheilt, erneut auf Abenteuer reitet und auf einer Lichtung auf zwei kämpfende Tiere trifft, auf einen Drachen und einen Löwen. Iwein fürchtet sie beide gleichermaßen und rechnet mit seinem sicheren Tod. Trotzdem schlägt er sich (instinktsicher) auf die Seite des Löwen, erlegt den Drachen (das Höllentier!) und gewinnt zum Dank den besten der besten Kampfgefährten – fortan weicht der Löwe nicht mehr von seiner Seite, sondern verhilft ihm zu unaufhörlichen Siegen, die Iwein ohne ihn niemals erringen könnte.

Die religiöse Allegorie ist bei Hartmann überdeutlich. Der Löwe ist mehr als ein Löwe, ein wildes Tier schon gar nicht. Er erweist sich nicht nur als König der Tiere, sondern auch als der König der Menschen, als eine Art Christusfigur. Er symbolisiert Kraft und Treue, absolute Verlässlichkeit und ist zu jedem Opfer bereit, wenn es um den Kampf für das Gute geht. Der Löwe weiß mehr als sein Ritter und mehr als die Menschen. Er steht in Verbindung mit einer anderen Welt, die jenseits von Zeit und Raum existiert. Folgerichtig ist er der Einzige, der den Anblick des doppelten Ritters ertragen kann: »Sein Fell leuchtete in der Dunkelheit, seine Mähne schimmerte wie eine Krone, und seine Augen blickten ruhig und furchtlos in beide Gesichter des doppelten Ritters. In beide zugleich. Denn was ein richtiger König ist, der kümmert sich nicht um das Zweite Gesicht, der zieht es vor, nach der Nase zu gehen. Und seine Nase hatte den Ritter erkannt und wusste genau, wer da vor ihm stand.«

Die Rechnung ist einfach: Das Böse ist zum Scheitern verurteilt, weil es sich einzig auf sich selbst verlässt, während Iwein längst begriffen hat, dass er nichts ohne seinen Gefährten ist, ohne seine Verbindung mit einer höheren Kraft, die nicht seine eigene ist. Der doppelte Ritter kann zwar seine Bosheit verdoppeln, aber er kämpft trotzdem allein, während Iwein weiß, dass er nichts aus sich selbst ist:

»Mein König und ich, wir kämpfen immer zusammen, wir sind Gefährten von Anfang bis Ende, nichts und niemand kann uns trennen, (…) auch nicht der Tod. Du bist zwar einer und zwei zugleich, aber wir sind zwei und zugleich doch nur einer. (…) Ich kämpfe zu zweit, und du kämpfst allein.«

Sobald dieses scheinbare Paradoxon begriffen ist, versteht sich von selbst, warum sich die Erzählerin Hoppe nach einigem mühsamen Hin und Her dafür entschieden hat, ihre Erzählung von Iweins Geschichte, im Gegensatz zu Hartmann, mit dem programmatischen Drachenkampf beginnen zu lassen. Und noch mehr: Bei Hoppe ist es der Löwe selbst, der uns Iweins Geschichte erzählt. So erhält er, im Gegensatz zu der Rolle, die Hartmann ihm zuweist, eine doppelte Präsenz in der Geschichte. Er ist von Anfang an mit dabei, indem er erzählt, was ihm Iwein erzählt, nachdem sie, nach gewonnener Schlacht, zusammen auf einer Waldlichtung liegen und gemeinsam ihr Schicksal in Augenschein nehmen. Nicht Iwein, sondern sein Löwe ist im Besitz der ganzen Geschichte, Bote und Protagonist in einem. Erzähler und erzählte Figuren fallen auf traumhafte Weise in eins.

Das ändert selbstverständlich den Ton der Geschichte. Denn die Autorin hat Abschied genommen von einem Erzähler, der uns die Welt erklärt. Genauer gesagt: Sie hat sich für einen Erzähler entschieden, der die Welt nicht erklärt, sondern der sie mit anderen Augen sieht, weil er weder höfisch noch ritterlich denkt und, wie der Mann in Gestalt eines Ungeheuers, von Ruhm und Ehre nichts weiß. So entsteht jene Freiheit der Betrachtung, die Distanz, Irritation und Ironie zulässt und dem Leser erlaubt, mit Staunen auf den Gang der Dinge zu blicken und eben deshalb ganz bei der Sache zu sein.

12. Stimmen und Herzen

Wie aber gibt man diesem Ton eine menschliche Stimme? Seit wenigen Monaten kann man Hoppes *Iwein* nicht nur lesen, sondern auch hören. Der Schauspieler Stefan Kaminski, der in meiner Nachbarschaft im Deutschen Theater mit großem Erfolg Wagners »Ring« in einer One-Man-Show auf die Bühne bringt, hat den Löwenritter als Hörbuch eingesprochen und zeigt dabei seine ganze Kunst. Sein Iwein ist nachgerade hollywoodianisch und kostet mit großer stimmlicher Kraft Hartmanns und Hoppes Dramen aus.

Und doch gibt es in diesem Darbietungswunder eine kleine Irritation: Kaminski kann keine Frauenstimmen! Wo seine Ritter fantastisch lebendig sind, vital und lebhaft, boshaft und schlagend, träumend und kämpfend, liebend und streitend, sind seine Frauen auf kraftlose Weise geheimnisvoll, rätselhaft somnambul oder hysterisch depressiv. Die überaus tüchtige Laudine, die ihr Land auch ohne den flüchtigen Iwein regiert, hat keine Kontur, und die beste Schachspielerin der Welt, die kluge und intelligente Lunete, ist eine humorlose Besserwisserin.

Woher diese stimmliche Übersetzung? Liegt das womöglich daran, dass der Sprecher, im Gegensatz zur Autorin, die Bilder der Manessischen Handschrift nicht kennt und nicht weiß, dass die Männer in Wirklichkeit Frauen waren? Oder hat er jene Stelle überlesen, die man leicht überliest und die, nicht erst bei Hoppe, sondern schon bei Hartmann, davon erzählt, wie Iwein und Laudine nach ihrer Hochzeit miteinander Herzen tauschen?

Es ist kein Zufall, dass ich diese Bemerkung an den Schluss meiner Ausführungen setze, denn der Tausch der Herzen ist kein Symbol, sondern die große Essenz der ganzen Geschichte, er ist nämlich buchstäblich ernst gemeint und als das zu lesen, was er wirklich ist, eine ganz und gar physische Operation. Und »ich kann euch sagen, dass die Sache nicht einfach war (…), schließlich war Iweins Herz an Iweins Brust gewöhnt, und Laudines Herz war an Laudines Brust gewöhnt. (…) Wie lange Laudine und Iwein (…) mit dem Tausch ihrer Herzen beschäftigt waren, kann ich euch nicht sagen. Ich war nicht dabei. Auch sonst war keiner dabei. Herzen tauschen können nur zwei. Aber irgendwann erhoben sie sich und gingen hinaus in den Garten. Und jeder von ihnen trug ein neues Herz in der Brust. Iwein das von Laudine und Laudine das von Iwein. Und die schlugen wie ein doppelt beschlagenes Pferd im Galopp. Das heißt, Iwein und Laudine sind jetzt für immer zusammen. Für immer und ewig. Nichts kann sie mehr trennen. Getauscht ist getauscht, ob es passt oder nicht.«

Was folgt daraus, falls daraus etwas folgt? Dass Laudine mit Iweins Herz regiert (die Frau als Staatsmann), dass Iwein mit Laudines Herz in die Schlacht zieht (der Ritter als Frau) und dass Lunete, wenn sie gegen sich Schach spielt, mit der Stimme des Löwen den König schlägt. Hoppes *Iwein* lebt von den Rollenspielen und von der Kraft der Behauptung, dass in dieser großen Geschichte jeder an jedem Platz sein könnte, weil das Abenteuer uns allen gehört, egal wer wir sind und wo wir kurzfristig wohnen.

Geschichte ist, was sonst, eine Wunschmaschine. Aber für wen machen die Ritter das eigentlich? Ich behaupte, für nichts als das ewige Déjà-vu, denn die Trennlinie verläuft nicht zwischen Männern und Frauen, nicht zwischen Erwachsenen und Kindern und schon gar nicht zwischen Gestern und Heute. Sie verläuft auch nicht zwischen der Literatur und dem wirklichen Leben, nicht zwischen dem, was wir sind, und dem, was wir träumen, sondern zwischen dem, dem wir unsere Stimme geben, und dem, wofür uns in der Nacherzählung die Worte fehlen: »Denn irgendwann sind auch die Wörter erschöpft. Dann legen sich die Wörter zu Boden und müssen warten, was kommt. Erst kommt das Schweigen. Dann kommt die Stille. Aber nach der Stille kommt wieder ein Sturm, und nach dem Schweigen kommt wieder das Sprechen.« Und die fröhliche Relecture von Hartmann. Denn ›wer seinen Blick auf das wahre Gute richtet, der erfährt Glück und Ehre.‹

Literatur

Brecht, Bertolt: Die heilige Johanna der Schlachthöfe
Groebner, Valentin: Das Mittelalter hört nicht auf
Hartmann von Aue: Iwein
Hoppe, Felicitas: Iwein Löwenritter
Hoppe, Felicitas: Johanna
Huizinga, Johan: Herbst des Mittelalters
Ders: Men and ideas: Histories of the middleages (Übersetzung F. H.)
Koselleck, Reinhart: Vergangene Zukunft
Krumeich, Gerd: Jeanne d'Arc. Die Geschichte der Jungfrau von Orleans
Schiller, Friedrich: Die Jungfrau von Orleans
Schirmer Imhoff, Ruth: Der Prozess der Jeanne d'Arc
Shaw, George Bernard: Die heilige Johanna

Diese beiden Poetikvorlesungen wurden am 2. und 3. Dezember 2009 in der Aula am Wilhelmsplatz in Göttingen gehalten.

Bibliografische Information der Deutschen Nationalbibliothek
Die Deutsche Nationalbibliothek verzeichnet diese Publikation in der Deutschen Nationalbibliografie; detaillierte bibliografische Daten sind im Internet über http://dnb.d-nb.de abrufbar.

Erste Auflage 2010
© Wallstein Verlag, Göttingen 2010
www.wallstein-verlag.de
Vom Verlag gesetzt aus der Stempel Garamond
Umschlagvignette: Thomas Müller
Druck: Hubert & Co, Göttingen
ISBN 978-3-8353-0739-1